“小さな政府”論とはなにか

―それがもたらすもの―

牧野　富夫
日本大学教授・経済学部長

地方自治土曜講座ブックレットＮｏ．112

はじめに

「小さな政府」という言葉は、この国でもすでに一九八〇年代の初めから使われていました。そのころの臨時行政調査会の報告書などにも散見されます。しかし、それが頻繁に使われるようになったのは、やはり小泉内閣からです。小泉首相のもとで「構造改革」が本格的におこなわれるようになりましたが、その最大の目的が「小さな政府」をつくることでした。安倍政権もそれを引き継いでいます。というより、加速させています。

この国の社会保障給付費や公務員数はもともと国際比較で低いのです。すでに「小さな政府」なのです。それにもかかわらず、さらに「小さな政府」を求めるわけですから、もっと国民へのサービスを削りたい、ということです。そもそも「小さな政府」の追求は、「福祉国家」の解体を目的としています。イギリスのサッチャー政権がそうでした。でも、日本ではこれまで「福祉国家」といえるほど社会保障が整備されたことはありません。それなのに、増税・サービス切捨ての「小さな政府」を追求するのですから、結局、乾いたタオルを絞るようなもので、国民の痛みは甚大とならざるをえません。

ではなぜ、そんなことをするのでしょうか。国のお金のより多くを大企業のために使いたいからです。あわせて、「官から民へ」ということで、つまり「民間にできることは民間に任せろ」ということで、大企業に新たなビジネスチャンスを獲得させたいのです。社会保障費など国民のための費用を際限なく削減しているのは、このような理由からです。

もっとも、表向きの理由は別です。経済のグローバル化のもとで日本経済の「国際競争力」を強めなくてはならない——この点が繰り返し強調されています。この理由のもとに、企業レベルでは「高コスト構造」を解消するのだとしてリストラが強行され、国レベルでは「社会的高コスト構造」を解消しなくてはならないとして「構造改革」が強行されています。「構造改革」の主要な目的が「小さな政府」づくりにあることは、前述のとおりです。これを正当化するために、「官よりも民が効率的だ」と宣伝されています。また、「自己責任」論や「自助・自立」論がはやし立てられています。

そのため、美化された「小さな政府」、「官から民へ」、「自己責任」論などが国民の間に浸透し、これにストップをかける社会的な力が大きくなりにくい状況にあります。私たちがめざすべきは「小さな政府」ではなく、資本主義という枠内ではありますが国民を大切にする「福祉国家」の構築です。こういうと財界は、そんなことをすれば日本経済の国際競争力が衰弱し「元も子もなくなる」といいますが、スウェーデンやデンマークなどヨーロッパの国々は、国際競争力を維持しつつ「福祉国家」を守っているのです。「小さな政府」のほかに選択肢がないかのような主張に惑わされるわけにはゆきません。

以下、「小さな政府」について多面的にみていきますが、最後に「補論」を付しておきましたので、そちらも参考にしてください。

「小さな政府」という言葉とその周辺

先日、私の学生に「小さな政府」とはどんな政府と思うか、聞いてみました。A君の答えは、「無駄のない筋肉質の政府」ということでした。他も似たような答えでした。どうやら学生たちは、「小さな政府」を望ましい政府の姿と考えているようです。たしかに「大きな政府」よりも印象が良いのかもしれません。「大きな政府」というと、介入や無駄の多い政府のように感じるのかもしれません。

しかし、「大きい」「小さい」だけの論議ではほとんど意味がないでしょう。というのも、日本の政府は、たしかに社会保障など国民へのサービスという点では「小さな政府」ですが、軍事費という面からみると「大きな政府」だからです。このように「小さな政府」という表現には十分な注意を要します。財界や政府は自分たちに都合のいいように「小さな政府」という言葉を使っている、もっといえば、何かを隠すベールとして利用しているのですから…。そこでここでは、この言葉をいろんな角度から検討しながら、正確な解釈に近づきたいと思います。

まず、大枠の確認から始めましょう。「はじめに」で述べましたように、「小さな政府」は「構造改革」の最大の目的である、と財界や政府は位置づけています。つまり、「小さな政府」が「目的」で、「構造改革」はそのための「手段」という位置づけです。そして、「手段としての構造改革」を遂行する「方法」が各種の「規制緩和」というわけです。

このような位置づけ・関連が明確になり本格的に動き始めたのは、九〇年代の後半からです。「橋本六大改革」がその画期でした。それが小泉内閣になって全面展開のステージに入り、現在の安倍内閣に引き継がれている、こういう経過が認められます。とにかく、「改革」という言葉の氾濫で、なにか良いことが期待できるかのようですが、とんでもありません。国民の側からすれば、改革とは改悪なのです。

では、「目的」である「小さな政府」とはなにか、「小さな政府」のねらいはなにか、ここが解明されなくてはなりません。いいかえれば、「小さな政府」というベールで隠されているものは一体なにか、ということです。つぎの三点が、その主要なねらいだと思います。

第一は、みずから招いた財政危機を口実に、社会保障の切り捨て、住民サービスの切り捨てをおこなうと同時に、消費税アップ計画も含め増税をおこなうというものです。そもそも「小さな政府」は「福祉国家」つぶしのためつくられたイデオロギーですから…。

第二に、「増税の前に行政改革だ」という論法で、公務員の削減をエスカレートさせる、また、公務の公共性を無視して「官から民へ」の名のもとに、五〇兆円ものビジネスチャンスを企業に与えていく、というものです。公務員減らしが「小さな政府」の柱であることも各国共通しています。その手法は、公務員と民間労働者を対立させるという手法です。

第三に、「小さな政府」ということで、政府の機能を国防・外交・治安にしぼりこみながら、憲法を改悪し海外でアメリカの傘下で戦争のできる国にするということです。この憲法改悪との関連を、その策動が具体化しているいま、とくに重視すべきだと思います。

以上のような「小さな政府」づくりの本丸に郵政民営化が位置づけられていたわけです。その追求の過程で小泉首相は、郵政を民営化すれば二六万人の公務員が減らせる、税金がそれだけ要らなくなる、サービスが向上する、民営化で法人税が国に入ってくる、公務員でないといけない理由はないと、繰り返しテレビなどメディアを使い宣伝しました。これは事実に反した宣伝です。郵政職員には税金は一円も使われていないのです。離島や過疎の地域住民にとって金融サービスの窓口がなくなることなど大問題です。アメリカと日本の金融機関が郵政・簡保の三四〇兆円の国民の金を投機的資金としてねらっていることなどは、まったく隠されているのです。

ところで、経済財政諮問会議の「小さな政府」づくりにおける強大な機能・役割を見逃すわけにはゆきません。小泉内閣になって「構造改革」が急激にすすみ、「小さな政府」論が繰り返し強調されるようになった裏には、この経済財政諮問会議の機能・役割があります。結論からいえば、前経団連会長の奥田氏自身が明言しているように、経済財政諮問会議は「構造改革の司令塔」なのです。小泉時代から官邸の権限が強化されましたが、強力な総理大臣の「恒常的な諮問機関」として設置されたのが経済財政諮問会議にほかなりません。そのメンバー(「議員」という)は十一名ですが、内閣総理大臣、官房長官、経済財政政策担当大臣、総務大臣、財務大臣、経済産業大臣、日銀総裁のほか「民間議員」が四名です。この民間議員には経団連会長、経済同友会代表と、あの本間正明氏のような御用学者二名です(本間氏は辞めましたが)。とくに問題なのは、この経団連会長などの民間議員が経済財政会議をリードしている点です。つまり、ほとんどの議題について民間議員が問題提起しており、それを担当大臣が整理して、いわゆる「骨太の方針」(閣議決定されて内閣の基本方針となる「経済財政運営と構造改革に関する基本方針」）となっているというのが現実です。

この意味はもはや解説の必要もないと思いますが、「小さな政府」を実現するための「構造改革」のあり方・内容などを、事実上、財界首脳が直接決めている、ということなのです。以前のような財界が政府にプレッシャーをかけ、それを政府が政策化するという財界の「間接統治」から、いまや財界の「直接統治」に変わった、ということです。こういう仕掛けができて、小泉内閣時代から「構造改革」が急ピッチですすみ、これを安倍内閣がさらに加速させている、ということです。いまや経済財政諮問会議は新しい民間議員の御手洗経団連会長と学者の八代尚宏氏が財界の主張の実現のためリードしています。ホワイトカラー・イグゼンプションや解雇の金銭解決制などの導入でもこの二人が急先鋒であります。これについては詳しく後述します。

以上のように、「構造改革」によって「小さな政府」を実現しようというわけですが、その最大の方法・手法が「規制緩和」です。これは「新自由主義」の思想によるもので、すべて市場に委ねればうまくいくという「市場原理主義」の立場に立つものですが、それだけではありません。一方では権力・権限の強化を伴うものです。イギリスでサッチャー政権が「福祉国家」の解体を戦略的課題としたとき、ただすべてを市場に委ねるということではありませんでした。「福祉国家」

を支えている労働組合対策・労働運動攻撃を系統的におこないました。またアメリカは「新自由主義」のチャンピオンと目されていますが、世界最強の軍事力を有し、軍事力をテコに帝国主義的な世界戦略をとっていることは周知のところでしょう。イラク戦争におけるアメリカやイギリスの暴挙には目に余るものがあります。

つまり、「新自由主義」は世界の市場を支配したいという願望を宿命的に有し、自国資本の世界展開を守るために軍隊を必要とします。国内的には、労働者や競争の敗北者の反乱など「新自由主義」の矛盾のあらわれに対応するため治安に力を入れることになります。政府・財界がかつて使用していた「規制緩和」という表現を、ある時期から「規制改革」に変えたのも、その政策が規制の「緩和」だけでなく「強化」も必要としているからです。いまでは「緩和」と「強化」をひっくるめて「規制改革」といっているではありませんか。「改革」なら「緩和」も「強化」も含むから「規制改革」の方が都合がいいというわけです。

すでにあきらかなように、「小さな政府」は社会保障など国民へのサービスでは「小さい」のですが、軍事的には「大きい」ということになり、このような矛盾に満ちたヌエ的な概念が「小さな政府」なのです。しかもこれは、すでに「小さい部分」をさらに「小さく」し、すでに「大きい部分」をさらに大きくしたいというエンドレスの欲求をもっています。だから日本で、「福祉国家」でもない低福祉がさらに削減攻撃を受けるという事態になっているわけです。

「構造改革」と労働戦線

すでに述べたように、わが国で「構造改革」という名の「新自由主義」路線が明確に実施され始めたのは、九〇年代の後半からです。イギリスのサッチャーやアメリカのレーガンによる「新自由主義」路線が八〇年前後から実践されたのに対して、この遅れはなぜでしょうか。八〇年代の初めには臨調「行革」路線がスタートし、中曽根首相がサッチャー首相やレーガン大統領とともに「新自由主義」の御三家のように目されていたにもかかわらず、なぜ現実には「構造改革」が遅れたのか、ということです。いいかえれば、なぜ九〇年代の後半にずれ込んだのか、ということです。

結論からいえば、つぎの二点が主要な理由だと思います。第一に、「新自由主義」が攻撃すべき「福祉国家」が日本では存在しなかったということ、第二に、中身はともかくとして、日本経済のパフォーマンスが非常に良好だったこと、この二点があったと思います。なるほど七〇年代に入って「福祉元年」(七三年)といわれましたが、それは高度経済成長の破綻と労働運動の決定的労資一体化で流産しました。一方、日本経済のほうは第一次オイルショック後の低迷から世界に先駆けて急速によみがえり、八〇年前後には「ジャパン・アズ・ナンバーワン」といわれるまでになっていました。八〇年代前半にはアメリカとの間で貿易摩擦が深刻になり、とくに自動車ではアメリカで「日本車ぶち壊し」騒動がおこるような有様でした。

このような日米貿易摩擦が八五年のＧ５での「円高誘導」を招き、短期間に約二倍の対ドル円高が生じました。しかし、「円高不況」も短期間におわりました。アメリカのおしつけた「低金利」を引き金にバブル経済に突入し、日本経済の「構造的矛盾」がバブルで覆い隠されたからでした。八〇年代の後半、内需拡大をめざす「構造調整」が試みられましたが、バブル経済で懸念された産業空洞化もうやむやにされ、「構造改革」が九〇年代に猶予されたのでした。九〇年代に入っても日本経済の国際競争力はトップ（ＩＭＤインターナショナルの資料）でした。しかしその後、九四年に三位、九五年に四位、九七年に九位というように二〇〇〇年代になると三〇位前後に落ち込むという事態になりました。

九〇年代の後半になって、橋本「六大改革」を画期に、わが国で「構造改革」が本格化した理由は、以上のような経緯があったためだと思います。いま一つ、経済のグローバル化のもとで、国際競争力を取り戻すには「高コスト構造」の打破が不可欠だとして、企業レベルではリストラが日常化しました。同時に、医療費など社会保障費の抑制が「社会的高コスト構造」の打破のために不可欠だということで、少子高齢化の急進ともかかわらせて、その実践が「構造改革」の一環として加速されるようになりました。私学助成など教育費支出も含め、国の国民へのサービスがどんどん削られていくことになりました。いまや国立大学も運営が深刻です。もともと「小さい政府」がますます痩せていくことになったわけです。

一方、二〇〇〇年代に入ると、まもなく大企業の収益は史上最高を年々更新するに至り、各種の格差拡大がいま重大な社会問題になっていることは私たちのよく知るところであります。その格差拡大の内実が「大衆の貧困化」であることに注意すべきです。格差拡大とか二極化というと、「勝ち組」も相当いるように思えますが、「勝ち組」はほんの一握りで、国民の多くは「負け組」に押し込められています。ですから私は、格差拡大といわれる現象の本質は「貧困化である」と衆議院予算委員会の公聴会で昨年二月、強調したのです。

このように日本の「構造改革」は遅れて本格化したのですが、その理由としていま一つ、労働戦線の再編を忘れるわけにはまいりません。第二次世界大戦後、この国で「福祉国家」というにふさわしい「高福祉」状況が実現しなかったのはなぜでしょうか。むろん、さまざまな理由がありますが、労働運動がそれを実現させるパワーを欠いていたことが指摘されなくてはならないでしょう。一九五五年から始まり六〇年代以降に本格展開した日本経済の高度成長は、「福祉国家」を生み出すだけの経済的条件を醸成しました。しかし、そのような客観情勢であるにもかかわらず、労働運動主流は「春闘での賃上げ」には熱心でしたが、「福祉国家」づくりに本気で取り組まなかった、これは否定できない残念な事実だと思います。

そこには企業別組合という組織形態が陥りやすい「企業主義」的労働運動が全体の労働戦線を支配していたという重大問題があります。資本の側もその代償として「春闘賃上げ」に応じていたという「なれあい」の構図もふりかえれば浮かび上がってきます。高度成長期には、そうはいっても今日と比べれば、労働組合はまだまだ元気でした。それが七〇年代の半ばにオイルショックを契機に日本経済の高度成長が終焉したあと、労働組合の元気が急速に失われていきました。春闘も「管理春闘」に追い込まれ、七〇年代の後半から「賃上げ一桁」状態になりました。

七〇年代初めの「ニクソン・ショック」以降、戦後ＩＭＦ世界体制が崩壊し、アメリカを盟主とする世界資本主義体制にガタがきました。そのような国際情勢の変化もあって日本の財界・政府など支配層は、日本の経済と社会を大きく改造する「二一世紀戦略」を策定しました。しかし、これを推進するには、労働組合と野党の協力が必要なため、労働戦線の右よりの再編に乗り出しました。その大きなねらいは、すでに民間大企業の労働組合は労資一体で問題はないわけですが、官公の労働組合が言うことを聞かない、手ごわいという状況がありました。そこで、まず民間の労働組合を「全民労協」（八二年）に結集させ、これを母体に労使協調主義の右よりの「民間連合」（八七年）をつくり、このなかに官公の労働組合をくわえ官民合体の「連合」（八九年）をつくり、日本の労働戦線を右寄りで統一する計画でした。これに野党を乗っけて再編すればいいというのが支配層の「抵抗勢力対策」だったわけです。こういう形での野党の抱き込みがかなり成功したこともたしかでした。五五体制の一方の柱であった社会党が分解したことも労働戦線の再編と深く関係しています。

ところが、同じ八九年には階級的なナショナルセンターである全労連が結成され、労働戦線の右よりの再編は中途半端なものにならざるをえないという結果におわったのです。

とはいえ、労働運動の多数派は協調主義で固めたということで、これでなんとか「安心」とばかりに「構造改革」を九〇年代の後半から本格化させました。ところが「構造改革」があまりにも労働者・国民に敵対する内容のものであるため、労使協調主義の連合も問題によっては全労連スタイルの運動をせざるをえないという状況も生まれています。労働法制改悪の運動がまさにそうです。これは支配層にとっての矛盾といわざるをえません。

労働分野の「規制緩和」

「構造改革」の主要な目的が「小さな政府」の構築にある、こうこれまで何度も指摘してきました。そして「構造改革」の主な手法が「規制緩和」であることも強調してきました。その「規制緩和」で「労働分野の規制緩和」がきわめて大きな意味をもっています。そこでここでは、労働分野の「規制緩和」について述べます。

財界が「高コスト構造」の打破というとき、その焦点は「人件費の削減」にあります。人件費の削減でもっとも効果的な方向は、正規雇用をパートや派遣などの不安定雇用に置き換えることです。つまり、労働力の流動化・雇用の多様化をはかることです。それには、労働契約の「規制緩和」や労働者派遣法の「規制緩和」が不可欠です。このような雇用の多様化・労働力の流動化の促進を財界が体系的に提起したのは、九五年の「新時代の『日本的経営』」という当時日経連の報告書においてでした。

そこでは企業内の雇用形態を三分割し、正規雇用は一つだけで、二つは非正規雇用とし、可能なかぎり非正規雇用を増やすという雇用戦略が打ち出されました。しかしそれには「障害物」である労働法制の「規制緩和」が必要であり、この日経連の報告書にそった「規制緩和」が九〇年代の後半から今日にかけて急速におこなわれることになったのです。

労働者派遣法について経過をみれば、当初派遣で働くという間接雇用は例外として一三業務に認められただけでした。それが一六業種、二六業種と増大し、ついに九九年には派遣法の「改正」で派遣業務を原則自由化したのです。さらに〇三年には製造業の派遣も解禁し、当初の原則と例外を逆転させたのです。とりわけ九〇年代後半以降の「規制緩和」が決定的で、これは財界の労働力使い捨て策に政府が敏感に呼応したものです。そのもとで偽装請負が横行しており、これまた重大な問題です。

労働契約期間についても九八年に、それまでの原則一年が原則三年に「改正」され、例外で五年も許されることになりました。このほか裁量労働制をホワイトカラーに大幅に拡大するなどさまざまな「規制緩和」があいついでおこなわれ、資本の労働者利用の自由が大きくなっています。その結果、細切れ雇用が激増しています。つまり資本が、労働者をより安く、より効率的に使えるようになっているのです。

〇七年の通常国会は「労働国会」とも呼ばれ、労働契約法制など多くの警戒すべき法案が今国会に出されています。ここでは参議院選挙への影響を恐れて、つぎの臨時国会での成立がねらわれている「ホワイトカラー・イグゼンプション」と「解雇の金銭解決制度」をとりあげ、その阻止の運動に供したいと思います。

まず、ホワイトカラー・イグゼンプションですが、これはホワイトカラー労働者の相当部分について、労働基準法の労働時間規制を適用しない、除外する、というものです。経団連は年収四〇〇万円以上を除外の対象に考えていますので、われわれ労働総研の試算によると、年総額で一一・六兆円もの残業代が支払われず、企業に莫大なコスト削減をもたらすことになります。労働者一人あたりだと年間一一四万円の残業代が支払われなくてよいことになります。このような制度を導入しようとしている背景には、企業がこの五年間に八五〇億円強のサービス残業を追加支払いさせられたという事情があります。イグゼンプションの導入によって、制度的に残業代を支払わずに済むようにしたいというねらいが明白です。ねらいは他にもあり、労働強化を刺戟すること、労働法制改悪のテコとすること、なども重大なねらいといわねばなりません。

つぎに「解雇の金銭解決制度」も警戒を要します。これは、裁判の結果、解雇が無効とされたとき、つまり労働者が裁判で勝ったとき、「金銭による解決」という名の解雇に道を開くという制度です。裁判に時間がかかり原職復帰が困難な場合、あるいは労資の感情的しこりが消えないような場合、その救済手段としてそのような制度が必要だというのです。一見もっともらしく聞こえますが、導入の真のねらいは「解雇の自由化」にほかなりません。潮流の違いを超えて労働側が「カネさえ払えば解雇は自由となりかねない」として、こぞって反対しているのは当然です。〇六年六月に発表された「日米投資イニシアチブ報告書」をみれば、そのねらいがいっそう明らかです。そもそも「日米投資イニシアチブ」なるものは、〇一年にブッシュ大統領が小泉首相に押し付けたものです。その最大の課題は、アメリカをはじめとした海外からの対日直接投資を五年で倍増させることでした。その対日投資の多くは、企業の合併・買収を通じておこなわれています。こうして企業の姿が激変するわけですから、当然それは、労働者の大量解雇など「労働力の流動化」を伴います。これまでにも「労働市場の自由化」が労働分野の「規制緩和」ですすめられてきましたが、いまやその総仕上げの一環として「解雇の自由化」のための制度が導入されようとしているのです。これが「解雇の金銭解決制度」にほかなりません。

以上は、労働力の流動化を促進し、労働力をより安く、より効率的に使用するための「規制緩和」ですが、少数組合の団体交渉を制限するなど労働運動に対する「規制強化」も同時に追求されています。まさしく財界や政府のいう規制強化を含む「規制改革」なのです。

「労働ビッグバン」が経済財政諮問会議で提起され、それを今後強行するということですが、これは旧来の「規制緩和」・「規制改革」を超えて、考え方として完全に労働市場を「労資自治」に委ねるものといえます。「労資自治」では「資」の力が圧倒的に強いことが明白ですから、資本主義のある時期から各国とも社会政策立法、つまり労働者保護を内容とする労働法制を制定してきたのです。いまそれを根こそぎ破壊しようとしているわけで、これが「労働ビッグバン」といわれるものです。この動きは憲法改悪と連動するものであることも指摘しておかねばなりません。憲法第二七条の二項で「賃金、就業時間、休息その他の勤労条件に関する基準は、法律でこれを定める」となっていますが、この労働基準設定の義務づけが憲法「改正」で緩和されたりすれば大変なことです。

「新たな働き方」と人間らしい生き方

いま、「労働ビッグバン」が準備されているという話しをしました。それは「激しい労働市場改革」と言い換えてもいいのでしょうが、それがおこなわれた後の「働き方」は「新たな働き方」ということになると経団連はいいます。〇七年の「経営労働政策委員会報告」のサブタイトルも「イノベーションを切り拓く新たな働き方の推進」とされ、「新たな働き方」がキーワードになっています。「希望の国、日本」というタイトルの「御手洗ビジョン」でも同様のことが述べられています。それはまた「ライフ・ワーク・バランス」の実現した働き方であるとも説明されています。つまり「仕事と生活の調和」がとれた働き方であるというわけです。

このようにみてきますと「新たな働き方」はすばらしいように思えますが、はたしてそうでしょうか。「労働ビッグバン」を経れば、そのように理想的な働き方が実現するのでしょうか。そこには大きな欺瞞があります。「激しい労働市場改革」の後には、労働力の流動化・雇用の多様化が実現するはずです。正規雇用のほかに、さまざまな働き方が存在する、という労働市場の世界です。たとえば、そこには一日五時間労働のパートタイマーもいます。一日四時間勤務の「短時間正社員」もいます。このような労働時間であれば、なるほど自分の生活時間が十分確保できるでしょう。しかし問題は賃金です。おそらく月額一〇万円台の前半のはずです。これでは一人の生活さえおぼつきません。要するに、労働時間だけが短くてもダメなのです。生計費をカバーできる賃金をともなわなくては「ワーク・ライフ・バランス」の実現とはいえません。

結局、経団連のいう「新たな働き方」とはとんでもない内容であることが浮かび上がってきます。そもそも「労働ビッグバン」なるものが、そのような労働市場をつくりだすためのものですから、そうなるのは当然の結果といえます。経団連も過労死の恐れのある働き方に労働者が不満を抱いていることを十分承知しています。だからこそ、「新たな働き方」をしようと甘い声で労働者に呼びかけ、いまよりもさらにひどい働き方に誘い込むこと、これが財界の雇用戦略なのです。むろん、そうなるかどうかは労働組合など民主勢力の運動いかんにかかっていますが…。

経団連など財界は、みずから提起した「新たな働き方」のアンチとしての「古い働き方」を攻撃しています。それは勤続年数を重視する「年功序列賃金」や、長期雇用を保障する「終身雇用」を内容とした「日本的経営」です。その日本的経営を「再編」するという言い方のもとに、実は解体するというのが財界の本音であり、実践していることです。年功賃金を成果主義賃金に変え、終身雇用を流動的雇用に変えても、なおそれが再編された「日本的経営」であるといわれても、納得できません。経団連によれば、制度や慣行が変わっても「人間尊重という理念」が変わらないかぎり、「日本的経営である」という論法ですが、これはゴマカシというほかありません。抽象的な理念が前と同じであっても、賃金や雇用の姿など具体的な中身が質的に変わってしまえば、これは再編ではなく異なるものへの質的転換です。要するに、財界がもくろんでいるのは、年功賃金や終身雇用の解体ですから、これは「日本的経営」の解体であり、決して「再編」ではありません。財界が「日本的経営」という名称にこだわるのは、それが温情的雰囲気をもつからでしょう。でも、終身雇用などの内実が消失すれば「雰囲気」も変わります。財界も無駄な抵抗であることに早晩気づくに違いありません。

いずれにせよ、もし「新たな働き方」の実現を許せば、私たちは労働に喜びなど見いだせず、アダム・スミスが言ったように労働は「苦痛」以外のなにものでもないということになるでしょう。アダム・スミスは資本主義の労働はすべて苦痛だとしたのですが、資本主義のもとでも条件しだいで「働きがいのある労働」もありえます。他方、空想的社会主義者のシャルル・フーリエのように労働を「快楽」や「喜び」という説もありますが、そう決めつけるのはスミスとは逆の誤りで、やはり条件しだいで「喜び」にも「苦痛」にもなると理解すべきです。

労働は人間にとって本質的なもので、そもそもエンゲルスがいうように労働が猿を人間に変えたといえるほどの役割を「労働」はもっています。ですから、「人間らしい生活」とはなにかを考えるとき、その第一の基準は、労働のあり方といえます。もともと労働というのは「目的にかなった生産活動」です。つまり、人間が目的にしたがって精神的・肉体的な力を発揮する行為です。ですから、労働を始める前に、どのような結果がでるかをあらかじめイメージして、そこへ向けて精神的・肉体的なエネルギーを発揮するのが労働です。もし労働の目的が労働者に知らされず、それは経営者の頭だけにあり、労働者はたんに手足を動かすだけでしたら、そのような労働は「疎外された労働」であり、「苦痛」以外のなにものでもないでしょう。逆に、資本家に雇われて働く場合であっても、その労働の目的が知らされ、労働の過程で労働者にあれこれ工夫できる裁量権が与えられ、労働が追ったあとの「分配」（賃金）も生計費をカバーできる水準であれば、このような労働に労働者は一定の「喜び」「働きがい」を感じることができるはずです。人間らしい生活の第一の基準はこうした「労働のあり方」いかんにあると私は思います。経団連の前述のような「新たな働き方」では「人間らしく」とは無縁であり、まったく逆でしょう。

第二の基準は、社会（地域・職場・家庭でもいい）に対して能動的な生き方をしているかどうかです。いいかえれば、動物的な生き方に陥っていないかどうかです。動物は自分を自然に適応させることで消極的に生きています。これが動物らしい生き方です。食べ物のあるところを探しさまよいます。冬になれば体毛が増え防寒します。決して防寒コートを作ったりはしません。人間はそうではなく自然を変え社会を変えて生きています。人間らしい生き方とはポジティブでなくてはならず、ポジティブでなければ「動物らしい生き方」といわねばなりません。社会的動物ともいわれる人間が「社会とどうかかわっているか」、社会の発展に貢献しているか、それとも社会に寄生して生きているか、このいずれであるかが「人間らしく」の第二の基準です。

第三の基準は、自己を意識的に変える努力をしているかどうか、という点です。すでにみた第一の基準は「労働」でしたが、労働の基本は自然を変えることです。自然の木材で机をつくる、これは自然を変える行為つまり労働です。第二の基準は、「社会を変える」でした。自然を変える、社会を変える、このどちらも自分を変えることなしにはできません。もし私が自然を変えて机を作ろうとしても、今の私にはできません。机を作る方法・技術を習得しなければなりません。結局、自分を変えなくてはならないのです。分野や種類はそれぞれですが、とにかく日常的に「自分を変える努力」をしているかどうか、これが人間らしくの第三の条件であると私は思います。同じ公務員であっても、意識的に全体の奉仕者として公務に従事するのか、たんに身分が安定しているらしいから公務員になったのかでは意味が違います。前者は「人間らしく」で、後者は「動物らしい」ということでしょう。

第四の基準は、これまでの三つとは切り口が違います。「積極的に楽しむ時間を意識的に設けているかどうか」という基準です。これも人間らしくの重要な条件だと思います。私の大学本部が市ヶ谷にあります。その近くに釣堀があります。釣りを楽しんでいる人たちを、皇居あたりから飛んできた鳩が不思議そうに眺めているのです。釣堀での人間の行動が理解できないのだと思います。動物の世界では獲得した獲物はすぐ食べるのに、人間どもはすぐ食べないばかりか、釣った魚を堀に戻している、いったい何をしているんだと思っているはずです。鳩には理解できないと思います。しかし、われわれ人間はそのような動物には理解できないような行為でエンジョイするのです。絵画、芝居、文学などすべてそうです。われわれは芸術やスポーツその他に積極的にかかわることで自己を高め豊かにし、これが次の労働に役立ったりもしているのです。このように第四の基準は、私たちが積極的にエンジョイできる時間をもっているかどうか、であります。最後に第五の基準とはなにか。ここに賃金や労働時間、雇用形態、社会保障などの諸条件がきます。第四点との関連でお芝居を楽しもうと思っても、労働時間が変則だったり長ければ思うようにならないでしょう。賃金が一定水準以上でないと芝居をみる余裕もないはずです。第三点との関連でも自分を変えるには労働時間や賃金がどうか、これらと決して無関係ではありません。ですから、人間らしく生きるには、どうしても労働条件の改善が不可欠なのです。

以上、経団連の「新たな働き方」を検討しながら、それは「人間らしい生き方」にてらして、その逆であることを指摘してきました。経団連のいう「新たな働き方」は、人間らしくの五つの基準で測定して、「非人間的な働き方」といわざるをえません。

おわりに

第二次世界大戦後、先進資本主義諸国は「福祉国家」の道を歩みました。その背景には、第一に、ソ連をはじめとする「社会主義陣営」との対抗・競争関係がありました。つまり、資本主義でも社会保障を充実させているということを体制間競争において誇示する必要があった、ということです。第二に、資本主義国内でも戦後、労働運動が高揚・発展し、これが社会保障・福祉の拡充を要求し、各国ともこれに一定の対応をせざるをえなかった、ある程度要求を受け入れざるをえなかった、という事情がありました。第三に、戦後、資本主義各国とも高い経済成長を果たし、「福祉国家」のための経済的条件が整備された、ということがありました。

しかし、七〇年代の半ば以降、経済の停滞、財政危機に陥り、「福祉国家」を支える経済的基盤が弱まりました。とくに「福祉国家」の代表格であるイギリスでいわゆる「イギリス病」が深刻になり、七九年に政権についたサッチャーが新自由主義の立場から「福祉国家」攻撃を強めたのです。その旗印が「小さな政府」であり、したがって「小さな政府」論は「福祉国家」攻撃のために登場したイデオロギーであります。

ではいま世界や日本は、「小さな政府」、「官から民へ」、「自己責任」などの「新自由主義」政策でうまく機能しているのでしょうか。あいつぐ戦争の勃発、犯罪の増大、各種の格差拡大、ワーキングプア、貧困の増大、先行き不透明感の増大、これらによる不安の増大など、暗いニュースの洪水です。くわえて私がもっとも心配なのは、競争を煽る「新自由主義」が環境破壊を加速させ、地球を破棄するのではないか、ということです。

この「小さな政府」というテーマは、もっともっと深く、さらに多面的に、人類史的スケールで考えるべき内容をもつのではないか、ここまで述べてきていま、そういう思いにかられているところです。

（本稿は二〇〇六年六月二四日、北海学園大学二号館三階三一番教室で開催された地方自治土曜講座の講義記録に補筆したものです。）

【補論1】「市場化テスト」とはなにか

―企業に丸投げされる公務・公共事業

政府は先の閣議で、「市場化テスト」法案を決定した。開会中の通常国会で成立させるためである。

「市場化テスト」とは、一言でいえば、公共サービスの担い手を「官民の競争入札で決める制度」である。その担い手として妥当かどうかを、市場でのテスト（コストと質の両面から）を通じて決める、という制度だ。小泉純一郎首相らは口を開けば「小さくて効率的な政府」をつくるという。そのための手段として、この「市場化テスト」制度が位置づけられている。以下、①「市場化テスト」制度の内容、②導入の背景・ねらい、③問題点・見通し―などを順次みていく。

公共サービスに競争原理

改めて「市場化テスト」とはなにか。つぎのような制度である。いま国や自治体など「官」が担っている公共サービスについて、「官」と「民」が対等な立場で競争入札を行ない、コスト・質の両面で優れていると判定された主体が落札・受託し、以後、その公共サービスを提供していく——というものだ。

そもそも「民」の側（財界サイド）に「公共サービス」分野に参入したいという強い欲求があって、この法案がつくられた。その地ならしとして政府は、「官業には競争原理が働かずコスト高で非効率」などという宣伝をマスコミも動員し繰り返している。また意図的に高級官僚の不祥事など一般の公務員とは無関係な事件を口実に公務部門を攻撃し、公務員と民間従事者を対立させようと躍起になっている。

やや技術的なことだが、受託した場合の契約期間は三年程度で、受託者が入れ替わることも想定されている。それゆえ、同じ「民」であっても、たとえば戸籍や住民票などの窓口業務を担当する企業が数年ごとに「頻繁に変わる」こともありうる。逆に、民間が受託した場合、その後の評価によっては「民営化」(民間譲渡)の道もある。政財界では「小さくて効率的な政府・自治体」が「善」とされ、「官から民へ」のシフトを加速しようと「市場化テスト」制度導入を急いでいるのだから、いろんな公務分野に「民営化」が広がる公算は大である。事実、内閣が毎年度「市場化テスト」の基本方針をつくり、「民営化メニュー」を追加していく。

ついで、「市場化テスト」の対象範囲をみよう。「国」レベルでは、「行政処分」を除くすべてが対象となりうる。「規制改革会議」の最終答申でも対象は「想定されるすべての公共サービス」としている。法案では対象業務は民間企業等の要望を受けて、関係各省庁との協議のうえ決めるという。入札・契約等の実施プロセスの管理には「官民競争入札等監理委員会」があたる。地方自治体では、「市場化テスト」ができるよう「法令の特例」措置が予定されている。対象業務は民間業者の意見を聴いて決め、そのための「合議制の機関」を設置する。公共サービスの民間開放にあたって、職業安定法や弁護士法等による規制の適用除外も予定されている。国や自治体の責任が形骸化し、利用者の「安全・安心」が保たれるのか、危惧される。

狙うは五〇兆円ビジネス

社会保障費を削り公務員も減らし、すでに「小さくて効率的な政府」になっている。にもかかわらず小泉首相らは、乾いたタオルを絞るかのように「もっと小さく」、「もっと効率的に」と攻め立てる。その推進者は財界である。その求めに応じて、政府が前述のごとき「市場化テスト」法案を閣議決定し、通常国会での成立を急いでいる。日本経団連は「『民間でできることは国が行わない』との考えに立ち、公共サービスについて積極的な民間開放を行なうことが不可欠である、政府は一層の規制改革・民間開放の推進により、我が国の経済の活力と競争力の強化を図るべき」（〇五年度日本経団連規制改革要望）と政府に迫っている。日本経団連は「市場化テスト」についても、「『官』が独占してきた公共サービスに初めて本格的な競争原理を導入するものであり、官業・官製市場改革のための重要な制度である」と位置づける。そして、その導入により「①公共サービスの質の向上、②公共サービスのコスト削減、③新たなビジネスチャンスの拡大が可能となり、スリムで効率的な政府の実現につながる」と強調する。

こうみてくると、「市場化テスト」制度は、国と地方の官業を、「民」という名の大企業が奪い取るための「仕掛け」・「装置」であることが明白だろう。そこに五〇兆円にも上るビジネスチャンスが待っているといわれ、財界はその巨大な獲物に虎視眈々の体である。これもグローバル時代の「国際競争力強化」のため、というわけだ。

「競争の導入による公共サービスの改革に関する法律案」
（公共サービス改革法案）について

実施プロセス

民間事業者・地方公共団体
公共サービスに関する情報の公表を踏まえ、官民競争入札の対象とする業務等につき要望

↓

内　閣
「公共サービス改革基本方針」の閣議決定
〔廃止の対象とする業務の選定〕
官民競争入札・民間競争入札の対象業務の選定
関連する規制改革等の決定
＊「官民競争入札等監理委員会」によるチェック
＊基本方針を毎年度見直し、対象業務を追加

→

各　省
「実施要項」を作成し、官民競争入札・民間競争入札を実施
＊「官民競争入札等監理委員会」によるチェック

↓

質・価格で最も優れた者を公共サービスの担い手として選定
＊＊「官民競争入札等監理委員会」によるチェック

↓

〈民が落札した場合〉
民間事業者が、創意と工夫を発揮しつつ、公共サービスを実施
法令の特例
法令の特例を落札した民間事業者に対し適用
適正な公共サービス実施を確保するための措置
秘密保持義務・みなし公務員規定
適正な監督（報告徴収、立入等

〈官が落札した場合〉
官が、効率化努力の上で、引き続き公共サービスを実施

小泉首相は、官僚主導の政治を「政治家主導」に改めたと自賛する。だが、当の政治家たちが「財界の虜」になっているため、小泉政権になり「財界主導」が一段と露骨になった。財界が政治を買い上げた格好だ。「官僚主導」から「露骨な財界主導」への変化と評すべきだ。「経済財政諮問会議」等を舞台

に奥田碩日本経団連会長や牛尾治朗ウシオ電機会長ら財界首脳による国の政策決定への直接介入が目に余る。「市場化テスト」法案も、財界の「直接指揮」によってバタバタと成立させられかねない情勢だ。野党の奮起を求めたい。

公正・公平が失われる恐るべき制度

「市場化テスト」にパスするには、コスト削減が第一だ。業務の性質上、人件費がポイントである。これを一気に下げるには、パートなど不安定雇用の大幅利用が常套手段となる。結果、ワーキング・プアの温床となる。これが公共サービスの「質の低下」につながる。また、利用者一人当たりの窓口対応時間の制限などで効率性が過度に追求されよう。これも「質の低下」となる。くわえて成果主義が予定されている。利用者（なかでも高齢者や障害者）に時間をかけて対応すると「低い評価」になるという矛盾も生じる。

公共サービスは、公正・公平であるべきだ。「民」が担えば、無料であったものも商品化し、有料となる。結果、所得差による公共サービスの不公正・不公平が生まれるだろう。たとえば年金保険料収納事業が「民」に移れば、減免措置などが隠され厳しい取立てが横行する心配もある。

また、上述のごとく「民」の主体が頻繁に変われば、個人情報の漏洩も深刻となろう。

経団連は「民間でできることは国（公）が行わない」というが、問題は「できる」の中身だ。窓口業務で一人にかける「基準時間」が以前の半分になっても、請求されたものを利用者に提供できれば、形式上、「できる」、「できた」ことになる。だが、旧来（とくに高齢者に対して）は、関連質問に応じたり、もろもろの相談相手になったり、とにかく「ゆとり」があった。なるほど近年、人員削減でそういう余裕もなくなってきたが、主体が「民」に移ればそうした「追加サービス」をまったく望めない。「公務とはなにか」をふまえず「民でできる」と強弁しても、利用者の心には届くまい。

以上は「民」が受託したケースである。では、「官」が「市場化テスト」で勝ち「公共サービス」を提供しつづける場合はどうか。結論をいえば、似たような状況となろう。そもそも「テスト」にパスできたのは、「民」並みの（ないしは「民」以上の）リストラをしていたからだ。以後もそれを持続しなければ、つぎの「テスト」で負ける。結局、「市場化テスト」制度下では、「官」も「民」と競わされ、「公共性」が失われていく。恐るべき制度がいま導入されようとしている、ということだ。

【補論2】「小さな政府」論とはなにか

―その意味とリスク

「小さな政府」を求める声が強まるばかりだ。声の主は政財界人など支配層である。その影響は大きく、国民のあいだでも同調者が広がっている。だがすでに、この国の政府は「小さい」。現実は「小さな政府」なのだ。たとえば公務員の数は欧米の半分から三分の一と少ない（対人口比の国際比較）。社会保障給付費もヨーロッパと比べて小さい（対国内総生産比。図参照）。にもかかわらず政財界は、もっと「小さな政府」をと、うるさい。

要するに、「小さな政府」論とは、政府の活動を最小限にとどめ、公務員数や社会保障費なども抑制し、国民に対する公的サービスを削減することを求める「論」、すなわち「イデオロギー」である。一般に、政治や社会のあるべき姿についての理念の体系をイデオロギーと呼ぶが、これは支配層サイドからみた「政府のあるべき姿」についてのイデオロギーだ。その特徴は、「市場が常に最適の資源配分をもたらす」という「哲学」にあり、結局、「新自由主義」と同一のイデオロギーである。だから、「官から民へ」「自己責任」「自立自助」などの主張も、同じ「哲学」からそれを補強するためのものといえる。

グローバリズムの申し子としての「小さな政府」論

「小さな政府」論＝「新自由主義」は、一九七〇年代に台頭し始め、八〇年代にサッチャー（英国）、レーガン（米国）、中曽根（日本）らによって政策化され、とりわけ九〇年代以降のグローバリゼーション下で本格的に実践・展開されるに至っている。だからそれは、グローバリゼーションの「申し子」といえる。その市場万能のイデオロギーは、国ごとの垣根が取り外され、市場がグローバル化するもとで、大企業とりわけ多国籍企業のグローバル展開の野望を満足させるものだからである。たとえば、「小さな政府」にすることで、法人税など企業負担を軽減し、「国際競争力」を強めようとする。「国際

社会保障給付費の国際比較（対国内総生産比）2001年

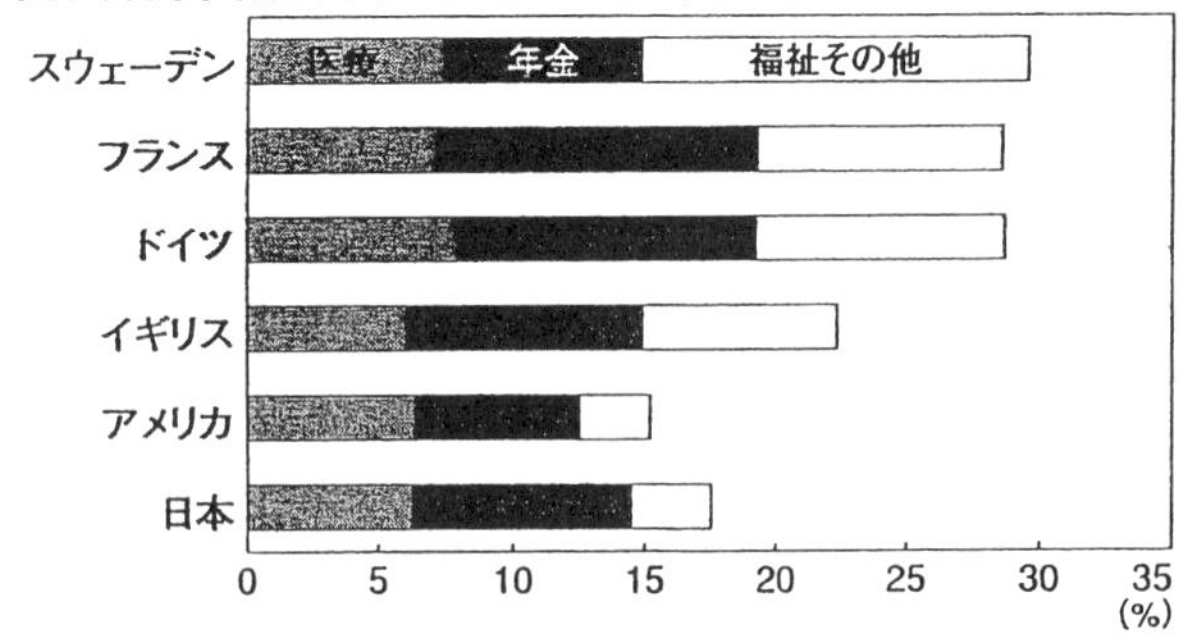

資料出所　OECD「Social Expenditure Datebase 2004」にもとづき、厚生労働省社会保障担当参事官室で算出。出典：2005年版「労働経済白書」107P

国民負担率の国際比較　注1：日本は2005年度見通し。諸外国は2002年実績。
注2：財政赤字の国民所得比は、日本およびアメリカについては一般政府から社会保障基金を除いたベース。その他の国は一般政府ベースである。

資料出所　財務省　　出典:『知恵蔵2006年版』0554ページ

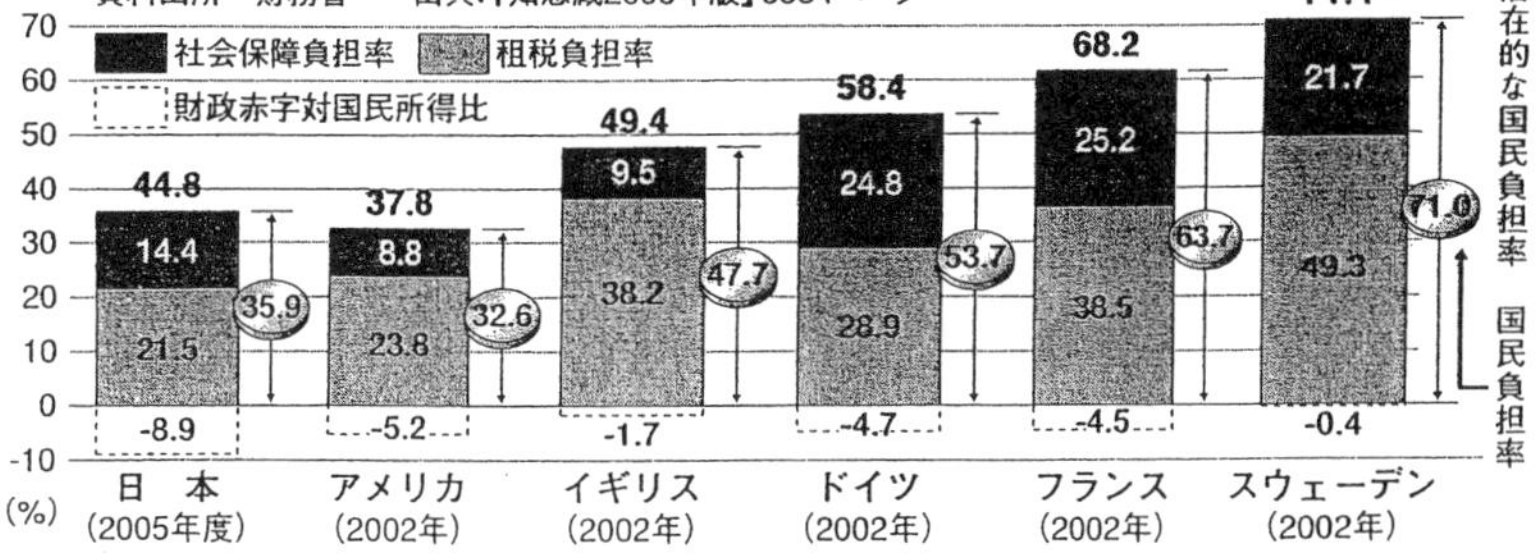

競争力」強化は、「小さな政府」論の直接の目的である。しわよせが弱者にいく。

小泉内閣が強行する一連の「構造改革」は、多国籍企業化した大企業の活動にとって障害となる旧来の制度・構造を、「改革」の名において破壊するものだ。とりわけ完全雇用や社会保障の拡充を求めるケインズ主義的「福祉国家」論は「小さな政府」と対立するものとして排除され、ささやかな福祉さえ「構造改革」の主たる目標とされ解体がすすんでいる。これと連動して企業レベルではリストラがあいつぎ、雇用の流動化や処遇の成果主義化などで旧来の雇用・職場慣行が激変している。終身雇用や年功賃金などによる「日本的経営」も崩壊寸前である。その結果、ワーキング・ブアなど無権利で極度の低賃金の労働者を増大させている。九〇年代の後半以降、過労死やメンタル・ヘルス障害が増加しているのは、その必然の帰結である。いまや誰が犠牲になるかは「偶然」だとしても犠牲者が増大することは

「必然」である。明日はわが身という不安感が多くの職場で広がっている。

「小さな政府」論の凶暴性

こうして「小さな政府」＝「新自由主義」は、野望達成のため「凶暴な支柱」を要求する。労働組合の解体・抱き込みや、団結破壊をもくろむ「労働契約法制」の制定準備などは序の口である。リストラで国内の生産拠点を再建築しながら、アメリカの世界戦略に呼応して海外展開を強める「日本型多国籍企業」に格段の自由を与えるため、第九条を焦点とした憲法改悪を通じた集団的自衛権の発動、自衛軍の海外展開などが喫緊の政治日程に上っている。すでに日本の軍事費は周知のごとく巨額である。膨らむ軍事費は「小さな政府」の「例外現象」ではなく、政府の性格上、当然の成り行きといえる。アメリカをみよ。あの国は「小さな政府」＝「新自由主義」のチャンピオンと目されている。だが、そのアメリカは世界の一極支配をもくろむ明々白々の軍事大国・帝国主義国ではないか。

このように「凶暴な支柱」は、「小さな政府」の「たまたまの必要」によるのではない。その展開・維持のために不可欠な装置といわねばならない。「小さな政府」が「凶暴な支柱」を必要とするのは、その市場万能という無政府的本性から「宿命」といえる。『新自由主義』は、体系的な経済理論と国民統合のモラル性に欠け、グローバリズムと一体になっているところから、政治イデオロギーとしては、外交的には民族主権を尊重しないグローバリズム推進の立場に立つかと思えば、内政的にはきわめて強権的・国家主義的な管理統制に傾斜する危機感をはらんでいる」（『経済』二月号「二〇〇六年の日本経済をどうみるか」参照）という指摘は正しい。

「小さな政府」論との対決

安倍官房長官が次のように話していた（〇六年一月一五日のＮＨＫ日曜討論）。誰が次期総理になろうと小泉後も「小さな政府」を追求する。この戦略で日本は世界の勝ち組になるのだ、と。奥田経団連会長も新年のメッセージで「いまこそ、「小さな政府」を実現することが重要であり、政府は、行政改革を着実に実施していくための推進法案を早期に策定するとともに、国・地方を通じた歳出・歳入両面の改革や、社会保障制度の一体的改革に取り組むべきである」（『日本経団連タイムス』、一月一日付）と強調している。テレビや新聞などのメディアがこれらを肯定的に報じている。

こうした動向から、今後「小さな政府」論をかかげた「構造改革」という名の、国民に犠牲を強いる消費税アップや福祉切り捨てなど各種の攻撃がエスカレートすることは必至である。それを許せば当然、多くの国民の生活が窮地に追い込まれ、一段と少子化を加速させることになる。同時に「小さな政府」論は、その「凶暴な支柱」を強化するため、憲法改悪により日本を「戦争のできる国」にする野望も抱いている。だが、この道に展望はない。国民生活を窮地に追い込むリスクはもとより、戦争のリスクをも高め、結局、地球環境を破壊し人類の存続すら危うくするのが「小さな政府」・「新自由主義」の道である。

資本主義は七〇年代の半ば以降、変動相場制導入・新自由主義「改革」により大きく変質した。同時に資本主義の多様化の条件も拡大している。「小さな政府」路線を捨て福祉重視のヨーロッパ型を日本国憲法で補正した「日本型資本主義」を追求する選択肢も十分ありうる。〇六年が「小さな政府」を捨てる年となることを願うものである。

いまこそ「福祉国家」の構築という旗を高らかにかかげ、「小さな政府」論と対決するときだ。

【補論1】「市場化テスト」とはなにか……初出 『週間金曜日』2006.3. 3（596号）
【補論2】「小さな政府」論とはなにか……初出 『週間金曜日』2006.1.27（591号）

【執筆者紹介】

○ **牧野　富夫**（まきの・とみお）

現在、日本大学経済学部教授・学部長。

1937年熊本県生まれ。1962年日本大学大学院経済学研究科修士課程修了。日本大学助手、助教授等を経て、1977年より教授。労働総研代表理事などを兼務。

著書に『社会政策』（ミネルヴァ書房）『構造改革は国民をどこへ導くか』（新日本出版）など多数。

刊行のことば

「時代の転換期には学習熱が大いに高まる」といわれています。今から百年前、自由民権運動の時代、福島県の石陽館など全国各地にいわゆる学習結社がつくられ、国会開設運動へと向かう時代の大きな流れを形成しました。学習を通じて若者が既成のものの考え方やパラダイムを疑い、革新することで時代の転換が進んだのです。

そして今、全国各地の地域、自治体で、心の奥深いところから、何か勉強しなければならない、勉強する必要があるという意識が高まってきています。

北海道の百八十の町村、過疎が非常に進行していく町村の方々が、とかく絶望的になりがちな中で、自分たちの未来を見据えて、自分たちの町をどうつくり上げていくかを学ぼうと、この「地方自治土曜講座」を企画いたしました。

この講座は、当初の予想を大幅に超える三百数十名の自治体職員等が参加するという、学習への熱気の中で開かれています。この企画が自治体職員の心にこだまし、これだけの参加になった。これは、事件ではないか、時代の大きな改革の兆しが現実となりはじめた象徴的な出来事ではないかと思われます。

現在の日本国憲法は、自治体をローカル・ガバメントと規定しています。しかし、この五十年間、明治の時代と同じように行政システムや財政の流れは、中央に権力、権限を集中し、都道府県を通じて地方を支配、指導するという流れが続いておりました。まさに「憲法は変われど、行政の流れ変わらず」でした。しかし、今、時代は大きく転換しつつあります。そして時代転換を支える新しい理論、新しい「政府」概念、従来の中央、地方に替わる新しい政府間関係理論の構築が求められています。

この講座は知識を講師から習得する場ではありません。ものの見方、考え方を自分なりに受け止めてもらう。そして是非、自分自身で地域再生の自治体理論を獲得していただく、そのような機会になれば大変有り難いと思っています。

「地方自治土曜講座」実行委員長
北海道大学法学部教授　森　啓

（一九九五年六月三日「地方自治土曜講座」開講挨拶より）

地方自治土曜講座ブックレット No. 112
“小さな政府” 論とはなにか　―それがもたらすもの―

２００７年３月３０日　初版発行　　定価（本体７００円＋税）

著　者　　牧野　富夫
発行人　　武内　英晴
発行所　　公人の友社
〒112-0002　東京都文京区小石川５－２６－８
ＴＥＬ ０３－３８１１－５７０１
ＦＡＸ ０３－３８１１－５７９５
Ｅメール koujin@alpha.ocn.ne.jp
http://www.e-asu.com/koujin/

公人の友社の
ブックレット一覧
（07.3.28現在）

「地方自治土曜講座」
ブックレット

《平成7年度》

No.1
現代自治の条件と課題
神原勝 ［品切れ］

No.2
自治体の政策研究
森啓 600円

No.3
現代政治と地方分権
山口二郎 ［品切れ］

No.4
行政手続と市民参加
畠山武道 ［品切れ］

No.5
成熟型社会の地方自治像
間島正秀 ［品切れ］

No.6
自治体法務とは何か
木佐茂男 ［品切れ］

No.7
自治と参加アメリカの事例から
佐藤克廣 ［品切れ］

No.8
政策開発の現場から
小林 勝彦・大石和也・川村喜芳
［品切れ］

《平成8年度》

No.9
まちづくり・国づくり
五十嵐広三・西尾六七 500円

No.10
自治体デモクラシーと政策形成
山口二郎 ［品切れ］

No.11
自治体理論とは何か
森啓 ［品切れ］

No.12
池田サマーセミナーから
間島正秀・福士明・田口晃 500円

No.13
憲法と地方自治
中村睦男・佐藤克廣 ［品切れ］

No.14
まちづくりの現場から
斎藤外一・宮嶋望 ［品切れ］

No.15
環境問題と当事者
畠山武道・相内俊一 ［品切れ］

No.16
情報化時代とまちづくり
千葉純・笹谷幸一 ［品切れ］

No.17
市民自治の制度開発
神原勝 500円

《平成9年度》

No.18
行政の文化化
森啓 ［品切れ］

No.19
政策法学と条例
阿倍泰隆 ［品切れ］

No.20
政策法務と自治体
岡田行雄 ［品切れ］

No.21
分権時代の自治体経営
北良治・佐藤克廣・大久保尚孝
600円

No.22
地方分権推進委員会勧告と
これからの地方自治
西尾勝 500円

No.23
産業廃棄物と法
畠山武道 ［品切れ］

No.25
自治体の施策原価と事業別予算
小口進一 600円

No.26
地方分権と地方財政
横山純一 ［品切れ］

《平成10年度》

No.27
比較してみる地方自治
田口晃・山口二郎 ［品切れ］

No.28
議会改革とまちづくり
森啓 ［品切れ］

No.29
自治の課題とこれから
逢坂誠二 ［品切れ］

No.30
内発的発展による地域産業の
振興
保母武彦 600円

No.31
地域の産業をどう育てるか
金井一頼 600円

No.32
金融改革と地方自治体
宮脇淳 600円

No.33
ローカルデモクラシーの統治
能力
山口二郎 400円

No.34
政策立案過程への「戦略計画」手法の導入
佐藤克廣　500円

No.35
98サマーセミナーから「変革の時」の自治を考える
神原昭子・磯田憲一・大和田建太郎
600円

No.36
地方自治のシステム改革
辻山幸宣　400円

No.37
分権時代の政策法務
礒崎初仁　600円

No.38
地方分権と法解釈の自治
兼子仁　400円

No.39
市民的自治思想の基礎
今井弘道　500円

No.40
自治基本条例への展望
辻道雅宣　500円

No.41
少子高齢社会と自治体の福祉法務
加藤良重　400円

《平成11年度》

No.42
改革の主体は現場にあり
山田孝夫　900円

No.43
自治と分権の政治学
鳴海正泰　1,100円

No.44
公共政策と住民参加
宮本憲一　1,100円

No.45
農業を基軸としたまちづくり
小林康雄　800円

No.46
これからの北海道農業とまちづくり
篠田久雄　800円

No.47
自治の中に自治を求めて
佐藤　守　1,000円

No.48
介護保険は何を変えるのか
池田省三　1,100円

No.49
介護保険と広域連合
大西幸雄　1,000円

No.50
自治体職員の政策水準
森啓　1,100円

No.51
分権型社会と条例づくり
篠原　一　1,000円

No.52
自治体における政策評価の課題
佐藤克廣　1,000円

No.53
小さな町の議員と自治体
室崎正之　900円

No.54
地方自治を実現するために法が果たすべきこと
木佐茂男　[未刊]

No.55
改正地方自治法とアカウンタビリティ
鈴木庸夫　1,200円

No.56
財政運営と公会計制度
宮脇淳　1,100円

No.57
自治体職員の意識改革を如何にして進めるか
林嘉男　1,000円 [品切れ]

《平成12年度》

No.59
環境自治体とISO
畠山武道　700円

No.60
転型期自治体の発想と手法
松下圭一　900円

No.61
分権の可能性
スコットランドと北海道
山口二郎　600円

No.62
機能重視型政策の分析過程と財務情報
宮脇淳　800円

No.63
自治体の広域連携
佐藤克廣　900円

No.64
分権時代における地域経営
見野全　700円

No.65
町村合併は住民自治の区域の変更である。
森啓　800円

No.66
自治体学のすすめ
田村明　900円

No.67
市民・行政・議会のパートナーシップを目指して
松山哲男　700円

No.69
新地方自治法と自治体の自立
井川博　900円

No.70
分権型社会の地方財政
神野直彦　1,000円

No.71
自然と共生した町づくり
宮崎県・綾町
森山喜代香　700円

No.72
情報共有と自治体改革
ニセコ町からの報告
片山健也　1,000円

《平成13年度》

No.73
地域民主主義の活性化と
自治体改革
山口二郎　600円

No74
分権は市民への権限委譲
上原公子　1,000円

No.75
今、なぜ合併か
瀬戸亀男　800円

No.76
市町村合併をめぐる状況分析
小西砂千夫　800円

No.78
ポスト公共事業社会と自治体
政策
五十嵐敬喜　800円

No.80
自治体人事政策の改革
森啓　800円

《平成14年度》

No.82
地域通貨と地域自治
西部忠　900円

No.83
北海道経済の戦略と戦術
宮脇淳　800円

No.84
地域おこしを考える視点
矢作弘　700円

No.87
北海道行政基本条例論
神原勝　1,100円

No.90
「協働」の思想と体制
森啓　800円

No.91
協働のまちづくり
三鷹市の様々な取組みから
秋元政三　700円

《平成15年度》

No.92
シビル・ミニマム再考
ベンチマークとマニフェスト
松下圭一　900円

No.93
市町村合併の財政論
高木　健二　800円

No.95
市町村行政改革の方向性
～ガバナンスとＮＰＭのあいだ
佐藤克廣　800円

No.96
創造都市と日本社会の再生
佐々木雅幸　800円

No.97
地方政治の活性化と地域政策
山口二郎　800円

No.98
多治見市の政策策定と政策実行
西寺雅也　800円

No.99
自治体の政策形成力
森啓　700円

《平成16年度》

No100
自治体再構築の市民戦略
松下圭一　900円

No.101
維持可能な社会と自治
～『公害』から『地球環境』へ
宮本憲一　900円

No.102
道州制の論点と北海道
佐藤克廣　1,000円

No.103
自治体基本条例の理論と方法
神原勝　1,100円

No.104
働き方で地域を変える
～フィンランド福祉国家の取り組み
山田眞知子　800円

《平成17年度》

No.107
公共をめぐる攻防
～市民的公共性を考える
樽見弘紀　600円

No.108
三位一体改革と自治体財政
岡本全勝・山本邦彦・北良治・逢坂
誠二・川村喜芳　1,000円

No.109
連合自治の可能性を求めて
サマーセミナー in 奈井江
松岡市郎・堀則文・三本英司・佐藤
克廣・砂川敏文・北　良治　他
1,000円

No.110
「市町村合併」の次は「道州
制」か
高橋彦芳・北良治・脇紀美夫・碓
井直樹・森啓　1,000円

No.111
コミュニティビジネスと
建設帰農
松本懿・佐藤　吉彦・橋場利夫・山
北博明・飯野政一・神原勝
1,000円

《平成18年度》

No.112
「小さな政府」論とはなにか
~それがもたらすもの
牧野富夫　700円

No.113
栗山町発・議会基本条例
橋場利勝・神原勝 1,200円

No.114
北海道の先進事例に学ぶ
安斎保・宮谷内留雄・見野全氏・
佐藤克廣・神原勝　1,000円

地方自治ジャーナル ブックレット

No.2
政策課題研究の研修マニュアル
首都圏政策研究・研修研究会
1,359円 [品切れ]

No.3
使い捨ての熱帯林
熱帯雨林保護法律家リーグ 971円

No.4
自治体職員世直し志士論
村瀬誠　971円

No.5
行政と企業は文化支援で何が
できるか
日本文化行政研究会　1,166円

No.7
パブリックアート入門
竹田直樹　1,166円 [品切れ]

No.8
市民的公共と自治
今井照　1,166円 [品切れ]

No.9
ボランティアを始める前に
佐野章二　777円

No.10
自治体職員の能力
自治体職員能力研究会　971円

No.11
パブリックアートは幸せか
山岡義典　1,166円

No.12
市民がになう自治体公務
パートタイム公務員論研究会
1,359円

No.13
行政改革を考える
山梨学院大学行政研究センター
1,166円

No.14
上流文化圏からの挑戦
山梨学院大学行政研究センター
1,166円

No.15
市民自治と直接民主制
高寄昇三　951円

No.16
議会と議員立法
上田章・五十嵐敬喜　1,600円

No.17
分権段階の自治体と政策法務
松下圭一他　1,456円

No.18
地方分権と補助金改革
高寄昇三　1,200円

No.19
分権化時代の広域行政
山梨学院大学行政研究センター
1,200円

No.20
あなたのまちの学級編成と
地方分権
田嶋義介　1,200円

No.21
自治体も倒産する
加藤良重　1,000円

No.22
ボランティア活動の進展と
自治体の役割
山梨学院大学行政研究センター
1,200円

No.23
新版・2時間で学べる
「介護保険」
加藤良重　800円

No.24
男女平等社会の実現と自治体
の役割
山梨学院大学行政研究センター
1,200円

No.25
市民がつくる東京の環境・公
害条例
市民案をつくる会　1,000円

No.26
東京都の「外形標準課税」はな
ぜ正当なのか
青木宗明・神田誠司　1,000円

No.27
少子高齢化社会における福祉
のあり方
山梨学院大学行政研究センター
1,200円

No.28
財政再建団体
橋本行史　1,000円 [品切れ]

No.29
交付税の解体と再編成
高寄昇三　1,000円

No.30
町村議会の活性化
山梨学院大学行政研究センター
1,200円

No.31
地方分権と法定外税
外川伸一　800円

No.32
東京都銀行税判決と課税自主権
高寄昇三　1,000円

No.33
都市型社会と防衛論争
松下圭一　900円

No.34
中心市街地の活性化に向けて
山梨学院大学行政研究センター
1,200円

No.35
自治体企業会計導入の戦略
高寄昇三　1,100円

No.36
行政基本条例の理論と実際
神原勝・佐藤克廣・辻道雅宣
1,100円

No.37
市民文化と自治体文化戦略
松下圭一　800円

No.38
まちづくりの新たな潮流
山梨学院大学行政研究センター
1,200円

No.39
ディスカッション・三重の改革
中村征之・大森彌　1,200円

No40
政務調査費
宮沢昭夫　800円

No41
市民自治の制度開発の課題
山梨学院大学行政研究センター
1,100円

No42
自治体破たん
・「夕張ショック」の本質
橋本行史　1,200円

No43
分権改革と政治改革
～自分史として
西尾勝　1,200円

No44
自治体人材育成の着眼点
浦野秀一・井澤壽美子・野田邦弘・西村浩・三関浩司・杉谷知也・坂口正治・田中富雄　1,200円

TAJIMI CITY ブックレット

No.2
転型期の自治体計画づくり
松下圭一　1,000円

No.3
これからの行政活動と財政
西尾勝　1,000円

No.4
構造改革時代の手続的公正と第2次分権改革
手続的公正の心理学から
鈴木庸夫　1,000円

No.5
自治基本条例はなぜ必要か
辻山幸宣　1,000円

No.6
自治のかたち法務のすがた
政策法務の構造と考え方
天野巡一　1,100円

No.7
自治体再構築における行政組織と職員の将来像
今井照　1,100円

No.8
持続可能な地域社会のデザイン
植田和弘　1,000円

No.9
政策財務の考え方
加藤良重　1,000円

No.10
市場化テストをいかに導入すべきか　～市民と行政
竹下譲　1,000円

朝日カルチャーセンター 地方自治講座ブックレット

No.1
自治体経営と政策評価
山本清　1,000円

No.2
ガバメント・ガバナンスと行政評価システム
星野芳昭　1,000円

No.4
政策法務は地方自治の柱づくり
辻山幸宣　1,000円

No.5
政策法務がゆく
北村喜宣　1,000円

政策・法務基礎シリーズ
―東京都市町村職員研修所編

No.1
これだけは知っておきたい自治立法の基礎
600円

No.2
これだけは知っておきたい政策法務の基礎
800円

地域ガバナンスシステム・シリーズ
（龍谷大学地域人材・公共政策開発システムオープン・リサーチ・センター企画・編集）

No.1
地域人材を育てる自治体研修改革
土山希美枝　900円

No.2
公共政策教育と認証評価システム―日米の現状と課題―
坂本勝 編著　1,100円

No.3
暮らしに根ざした心地良いまち
野呂昭彦・逢坂誠二・関原剛・吉本哲郎・白石克孝・堀尾正靱
1,100円

都市政策フォーラム
ブックレット

No.1
「新しい公共」と新たな支え合いの創造へ —多摩市の挑戦—
首都大学東京都市政策コース
900円

シリーズ「生存科学」
（東京農工大学生存科学研究拠点 企画・編集）

No.2
再生可能エネルギーで地域がかがやく
—地産地消型エネルギー技術—
秋澤淳・長坂研・堀尾正靱・小林久著
1,100円

No.4
地域の生存と社会的企業
—イギリスと日本とのひかくをとおして—
柏雅之・白石克孝・重藤さわ子
1,200円

No.5
地域の生存と農業知財
澁澤　栄／福井　隆／正林真之
1,000円

No.6
風の人・土の人
—地域の生存とNPO—
千賀裕太郎・白石克孝・柏雅之・福井隆・飯島博・曽根原久司・関原剛
1,400円